AF322012

Vœu A

RÉGLEMENTATION DU TRAVAIL

La Réunion générale des Industriels textiles,

Se référant d'ailleurs aux vœux exprimés lors de la Réunion générale de
1903, au sujet de la réglementation du travail, notamment au point de vue de la
limitation hebdomadaire facultative des heures de travail;

Considérant que la proximité du troisième palier de la loi de 1900 rend de plus
en plus nécessaires les retouches destinées à maintenir la production au niveau
actuel, avec 10 heures de travail effectif;

*Considérant que c'est à cette seule condition du maintien de la production
que l'on peut espérer assurer aux ouvriers les salaires actuels;*

Considérant que les fluctuations du prix de la matière première et la concurrence des nations étrangères sur lesquelles nous sommes en avance, au point de
vue de la réglementation du travail, rendent la marche des industries textiles de
moins en moins régulière et de plus en plus difficile;

Émet le vœu :

Que les hommes adultes restent placés sous le régime du décret-loi du
9 septembre 1848;

Que la loi du 2 novembre 1892 reçoive des modifications destinées à lui
donner plus de souplesse et que notamment, ainsi que le prévoit le texte de la
proposition de loi déposée au Sénat, les opérations de nettoyage, conformément
aux précédents de la législation, soient imputées en dehors de la journée de tra-

vail effectif et qu'il soit accordé à cet effet, aux chefs d'industrie, 3 heures par semaine.

Que certaines spécialités textiles dont beaucoup, comme la teinture, le blanchiment et l'apprêt, se sont vu retirer, même pour le travail des hommes adultes, d'importantes dérogations, bénéficient, de droit, d'un crédit de 180 heures supplémentaires, moyennant un simple préavis adressé à l'inspecteur du travail.

Que la qualité d'industrie saisonnière soit, à l'exemple de l'Allemagne, moins parcimonieusement accordée.

Qu'en cas d'accident arrêtant la marche d'un établissement, les chefs d'industrie aient, de plein droit, la faculté de prolonger de deux heures la durée du travail effectif, pendant une période d'au moins 15 jours, sauf à demander, pour une période plus longue, l'autorisation nécessaire à l'inspecteur du travail.

Bar-le-Duc. — Imp. Contant-Laguerre.

Vœu B

La Réunion générale des Industriels textiles,

Considérant que la capacité civile des syndicats doit avoir pour contre-partie nécessaire la responsabilité la plus large dans les termes du droit commun.

Considérant que les membres d'un syndicat ont toute facilité pour constituer, aussi bien que les autres citoyens, et en se conformant aux lois en vigueur, des sociétés de commerce.

Considérant que, en présence des droits nouveaux que l'on propose d'accorder aux syndicats, auxquels on a déjà conféré, par un décret, des droits électoraux pour le Conseil supérieur du travail, il devient chaque jour de plus en plus indispensable d'exercer un contrôle rigoureux du nombre et de la qualité de leurs membres.

Considérant que jamais les atteintes portées à la liberté du travail n'ont été plus graves qu'en ces dernières années et qu'il y a lieu de maintenir les sanctions prévues par la législation pour assurer la protection des droits propres à tout citoyen.

Considérant que ni les syndicats ni les unions ne sauraient impunément, sous le couvert des libertés syndicales, provoquer une agitation et organiser des manifestations aboutissant aux pires désordres.

Émet le vœu :

Que l'article 10 du texte arrêté par la Commission du travail de la Chambre des députés ne comporte aucune restriction à la responsabilité civile des syndicats et de leurs administrateurs.

Que la loi en préparation contienne des dispositions répressives, visant l'excitation au désordre et les troubles provoqués par des organisations professionnelles, leurs membres et leurs administrateurs.

Que la capacité commerciale ne soit pas étendue aux Syndicats professionnels et qu'aucune exception ne soit apportée aux lois en vigueur sur les sociétés par actions.

Qu'un contrôle efficace soit organisé par la loi, en vue de connaître exactement le nombre et la qualité des membres d'un syndicat.

Bar-le-Duc. — Imp. Contant-Laguerre.

Vœu C

RETRAITES OUVRIÈRES

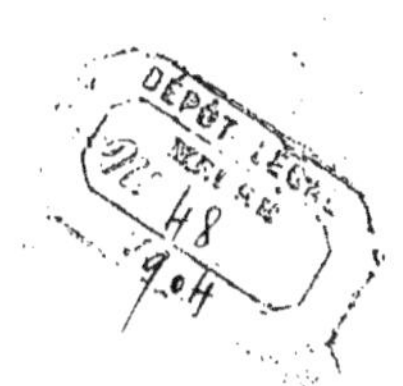

La Réunion générale des Industriels textiles,

Considérant que les propositions relatives à la constitution de retraites ouvrières actuellement soumises au Parlement sont exclusivement basées sur le principe de la contribution obligatoire du patron et de l'ouvrier.

Attendu que ce système, ainsi que le démontre l'enquête ordonnée à la date du 2 juillet 1901 par la Chambre des députés, a rencontré, de la part des patrons et des ouvriers, une opposition unanime.

Attendu que le surcroît de charges que nécessiterait le service des retraites, rendrait impossible, pour certaines spécialités, toute concurrence avec l'étranger.

Qu'en effet, dans plusieurs industries exigeant des manutentions nombreuses, l'augmentation des frais généraux, du fait des retraites, pourrait aller jusqu'à 500 0/0 des quatre contributions.

Attendu qu'en prenant le salaire pour base unique des contributions patronales, les propositions en présence auraient pour effet de rendre pour l'industrie la charge d'autant plus lourde que les salaires seraient plus élevés ou que la proportion de salaires entrant dans le prix de revient serait plus considérable.

Attendu, en ce qui concerne spécialement les ouvriers, que le principe de la retraite obligatoire les privera, pour une retraite hypothétique à 65 ans, de la liberté d'épargner, comme bon leur semblera, leur interdisant l'accès du petit patronat et de la petite propriété, dont un législateur prévoyant ne saurait trop encourager le développement.

Attendu que la constitution des retraites ne saurait être exclusive de l'épargne.

Attendu que le développement de la mutualité dans notre pays est un indice précieux dont le législateur devrait s'inspirer, en étendant à l'organisation des retraites ouvrières, le système récemment adopté par les délégués ouvriers et les patrons au Conseil supérieur du travail, pour les caisses de chômage involontaire.

Émet le vœu :

Que le Parlement se prononce contre toutes propositions tendant à établir la retraite *obligatoire*, qu'elle soit constituée suivant le système de la capitalisation ou celui de la répartition ;

Que l'organisation des retraites soit confiée aux institutions dues à l'*initiative privée* et que l'État, les départements et les communes n'interviennent que par voie de *subventions* destinées à majorer les retraites servies par ces institutions.

Bar-le-Duc. — Imp. Contant-Laguerre.

Vœu D

RÈGLEMENT AMIABLE DES DIFFÉRENDS RELATIFS AUX CONDITIONS DU TRAVAIL

La Réunion générale des Industriels textiles,

Considérant que l'*arbitrage suppose un litige résultant des divergences d'interprétation d'un contrat préalablement existant* ainsi que l'engagement, de la part des parties, de se soumettre aux décisions de l'arbitre et d'accepter les sanctions destinées à assurer le respect de ces décisions.

Considérant que ces divers éléments échappent complètement à l'action de la loi et restent purement et simplement du domaine de la liberté individuelle.

Considérant que l'arbitrage *ne peut s'appliquer qu'à un conflit né* et que toute idée de soumettre à des arbitres l'établissement de conditions nouvelles constitue non plus une opération d'arbitrage, mais l'abandon, par les parties, de leur liberté de déterminer librement les modalités à venir du travail.

Considérant qu'en étendant l'arbitrage à tous les désaccords susceptibles d'éclater entre patrons et ouvriers on investirait les arbitres, *non pas de la mission de rendre une sentence, mais de celle de rédiger, au nom des parties intéressées, un contrat collectif de travail.*

Considérant que dans les conditions si variables de l'industrie, un chef d'établissement qui encourt de graves responsabilités personnelles ne saurait abandonner à des tiers le droit de décider ce qu'il peut ou ne peut pas faire.

Considérant que l'arbitrage, même soi-disant facultatif, ne saurait être efficace que s'il était sanctionné, à l'exemple de certaines législations étrangères et notamment de celle de la Nouvelle-Zélande, par des contraintes qui entraîneraient des modifications de la loi sur les Syndicats et *le maintien de la saisissabilité des salaires.*

Émet le vœu :

Que les parties en cause conservent la liberté de solutionner amiablement les conflits de travail, par l'entente directe entre patrons et ouvriers;

Que le législateur se prononce contre toute mesure tendant à dessaisir la juridiction régulière du pays au profit de commissions arbitrales et à substituer au contrat individuel le contrat collectif de travail.

Bar-le-Duc. — Imp. Contant-Laguerre.

Vœu E

IMPOT SUR LE REVENU

La Réunion générale des Industriels textiles,

Considérant que le projet d'impôt sur le revenu actuellement soumis à la Commission de législation fiscale de la Chambre réunit tous les caractères *de la globalité, de la personnalité et de la progressivité.*

Considérant que, de même que tout projet de ce genre, il aurait pour conséquence de provoquer la dissimulation et l'émigration des capitaux et qu'il pèserait lourdement sur les revenus du travail.

Considérant que tout projet d'impôt sur le revenu global, et par là même fatalement progressif, créerait deux caractères de citoyens dans le pays : les uns supportant tout le poids de l'impôt, les autres soustraits à toute participation aux dépenses publiques.

Considérant qu'aucune réforme de notre système d'impôt ne saurait être équitablement réalisée qu'en excluant la globalité et la progressivité, et en respectant, au contraire, la pluralité et la proportionnalité des impôts directs.

Émet le vœu :

Que le Parlement écarte tout projet fondé sur la totalisation des revenus et par là même sur la taxation arbitraire par la progressivité.

Qu'en abordant la réforme de notre système fiscal, il se préoccupe d'éviter *toute superposition d'impôts sur les revenus du travail industriel.*

Bar-le-Duc. — Imp. Contant-Laguerre.

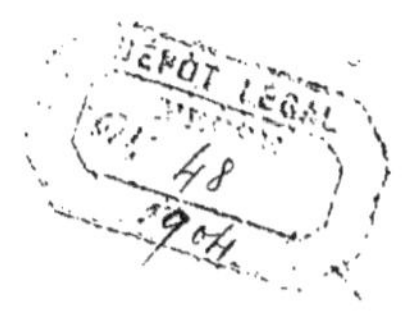

Vœu F

LÉGISLATION DES PATENTES

La Réunion générale des Industriels textiles,

Considérant que le Sénat a complètement modifié le texte de l'article 5 du projet de loi sur les patentes tel qu'il avait été primitivement voté à la Chambre.

Considérant que, d'après la rédaction actuelle, le patentable serait frappé, en ce qui concerne les locaux où sont exercées plusieurs industries ou professions « *passibles d'un droit proportionnel différent* **d'après le taux applicable à la profession qui comporte le taux le plus élevé** » et qu'une telle disposition aggraverait, dans des proportions énormes et tout à fait imprévues, les charges déjà si lourdes qui frappent les revenus du travail industriel.

Considérant que l'expression « *locaux non distincts* » devrait faire l'objet, de la part du législateur, d'une définition très précise afin d'éviter des divergences d'interprétation, inévitables avec le texte actuel de l'article 5, entre l'administration et les intéressés.

Émet le vœu :

Que, dans le nouvel examen qu'elle va être amenée à faire du projet de loi, la haute Assemblée veuille bien prendre en considération les réclamations formulées contre la rédaction adoptée par elle de l'article 5 du projet.

Que la loi définisse avec précision, ce que l'on doit entendre comme « *locaux non distincts* ».

Bar-le-Duc. — Imp. Contant-Laguerre.

Vœu G

ACCIDENTS DU TRAVAIL

La Réunion générale des Industriels textiles,

Considérant que le texte adopté par la Commission sénatoriale des accidents du travail confirme, dans son ensemble, le principe forfaitaire admis par l'industrie et base essentielle de la loi du 9 avril 1898.

Considérant toutefois que, dans l'intérêt de la bonne interprétation de la loi, il est nécessaire d'introduire dans le texte certaines précisions :

Émet le vœu :

Que les différents éléments composant les frais d'hospitalisation soient limitativement déterminés par la loi.

Que, en cas d'arrêté ministériel suspendant le fonctionnement d'une société d'assurances, celle-ci soit tenue de prévenir ses abonnés que ses opérations sont suspendues.

Qu'aucune radiation des sociétés d'assurances contre les accidents du travail admises à fonctionner ne soit prononcée par le Ministre du Commerce et de l'Industrie, *sans avis du Conseil d'État.*

Bar-le-Duc. — Imp. Contant-Laguerre.

27 avril 12